www.ingramcontent.com/pod-product-compliance
Lightning Source LLC
Chambersburg PA
CBHW031157160726
47992CB00006B/2478

مفاتيح الغياب

الشاذلي فرحاتي

مفاتيح الغياب

شعر

إصدارات دائرة الثقافة، حكومة الشارقة 2024 م

الناشر: دائرة الثقافة ـ حكومة الشارقة ـ الإمارات العربية المتحدة

الهاتف: 5123333 6 971+

البُرّاق: 5123303 6 971+

الموقع الإليكتروني: www.sdc.gov.ae

البريد الإليكتروني: sdc@sdc.gov.ae

811.9611
ف ش. م
فرحاتي، الشاذلي
مفاتيح الغياب / الشاذلي فرحاتي .ـ الشارقة، الإمارات العربية المتحدة : دائرة الثقافة، 2024.
112 ص؛ 21X14 سم.
1 ـ الشعر العربي ـ تونس ـ دواوين وقصائد
أ ـ العنوان
ISBN: 9789948725893

محاولة في الكتابة خارج النص
(أو قفزة في العدم)

قدْ كانَ هذا النصُّ يَكـتُبُ نفْسَـهُ

وَأنــا بِسِــدْرةٍ منْتَهـاهُ عَــلِيلُ

وسَــألْتُهُ «منْ أنتَ؟» قــالَ مُخاتِلاً

«إنِّــي الجُنونُ، أعودُ ثـمَّ أزُولُ»

ثُــمَّ امْتطى نَبضي وسَــارَ مُجدِّفاً

والتِّيـهُ يَجْمَعُ بيْنَنـا ويَحولُ

وسَــألْتُ «كَيْف تَقولُنــي وأقولُنا؟

والصــوْتُ فيــكَ تَردُّدٌ وعُـدُولُ»

***

سَارتْ بِيَ الأمواجُ في نَبَضَاتِه

تاهـتْ عـنِ الأبعـادِ وهـي تقولُ

«جمِّعْ شـتاتَ التِّيـهِ كُـنْ متَعدِّداً

كُنْ أنـتَ أنتَ وَما سِـواكَ أُفَولُ

لا تسْـألِ الصحْراء أنتَ ضِياؤُها

والنَّجـمُ فيـكَ متاهـةٌ ودَليـلُ

عَرِّج علـى الأسْـمَاء قبلَ نزُولِهَا

ثُـمَّ اطْلِهَا إنّ المـدادَ قَليـلُ

لَـوِّحْ إلى الآيـاتِ عندَ سـمَائِها

ثـمَّ ألْـقِها فالقولُ مِنْـكَ ثقيـلُ

قُلْ إنَّنِي.. أنتَ.. القصيـدةُ.. كلُّنا

قَبْـلَ الزمـانِ وخَلفَـهُ سَـنؤولُ

لا تبتئِـسْ إنّ الجُنُـونَ مَطيَّتِي

صَوتِي خَيالٌ والحُـروفُ صَهيلُ

ودّعْ رميمَ القول كُنْ في نَشْوتي..

وحْـيٌ شِـجَاكَ وقولُـكَ التَّنـزيـلُ

في حَضْرَةِ الأسْمَاء، أنتَ بقيّـتِي

وأَنَـاكَ عِـنْدي وَالِـدٌ وسَليلُ»

***

قلتُ: «انتظرْني عندَ عرشِكَ واصطبرْ
فالسِّـدْرةُ العَصْماءُ تلـك مقيـلُ

هَلّا انْهمرْتَ وبعـض حَرفِكَ مُهْجَتي
والقلـب إن نـزّت رؤاك قتيـلُ؟

والنـارُ مَـا سَـتقولُ إنْ أضرمْتَهَـا؟
والمـاءُ... في أيِّ اللغات يسيـلُ؟

والـدفءُ... كيـف بَذرْتَـهُ مَتدثِّـراً
والحـبُّ في لُـجّ الرحيـل رحيـلُ؟

والناس.. كيف خَدعْـتَهُم؟ خَاتلْتَهُم؟
أوْهَمْتَهُـمْ أنّ الحُـروف تَقُـولُ

وزعمـتَ أنَّ الله كـان كمـا رأوْا
وزعمـت أنّـي مَـنْ بـذاك يقول

علّمْتهُـم لغـة الرَّميـم سجَنْتَهُم
أغشـيتهمْ بالغـولِ أنـت الغـولُ

قُـلِّي بآيـك... أنـتَ مَـنْ؟ فلربَّمـا
تَعْيَـا الطَّريـقُ وبيننَـا سَـتَحُولُ

إنْ كُنْتَ سِـجْنِي أوْ سَـفِينة رِحْلَتي
فلقـد مَلَـلْـتُكَ والرَّحِيـلُ طويلُ»

***

وحَبَبْتُ كَسْــرَ النصِّ... كَسْرَ مَراكِبي

وقَفــزْتُ في العَــدم المُحيطِ أجولُ

وكَفَفْــتُ ضـوْءَ الشَّــمسِ دون قيامةٍ

وقطعتُ حبلَ الصَّوتِ وهو ضئيلُ

وَشْوَشْــتُ تَحتَ السرِّ ثــمَّ دَعَوْتُه

وقرأتُـــهُ...   فأَذَابَنِــي   التَّأويـــلُ

فَسَــألتُهُ «مَنْ أنتَ؟» قال «أنا كذا..»

فالكونُ هـذا النَّــصّ... وهو دليلُ

من وحي الخيبة

فُرْشــاةُ أسْئلتي.. تُحبِّــرُ خَيْبَــةً
رَسَمَتْ على وَرَقِ الرَّبيـعِ خَريفَـا

وَحْشُ المَدائنِ ضارياً يَقْـتَـاتُنـي
مذْ هـلَّ عيدُ الجُـوعِ كُنْتُ رَغِيفَـا

زَحَفَتْ بحارُ الأرضِ صَوْبَ مَدامِعي
فرَأتْ علــى نَـبْعِ الجراحِ نزيفَـا

وتَــقولُ لي «يا مــاءُ لُطفاً بالـذي،
في ثورة الأمــواهِ، كانَ لطيفـا»

***

وَجَعٌ.. خُرافيُّ المَلامِــح مُبْصِــرٌ
وأَسِـيرُ فيـهِ مُكَبَّــلاً وكَفِـيفَــا

هُوَ سَـامِعِي.. في السِّرِّ بِي مَا يَدَّعِــي..
ويَرَى مَعِــي.. ضوءَ الغِياب شَفِيفَـا

هَوَ يَكْتُـبُ الأشْعَارَ بِــي.. ويقولُ لي:
«ضَعْ نُقْطـةً». فأُضِيفُهَا لِيُضِيفَـا

أَكْتُـــبْ هُنا «لا شـــيءَ لي» فأَقُولُـهَا.
أَتَـتَبَّـعُ الإمْــلاءَ والتَّوْصِيفَـا

لُغَتِي.. عَلَى بابِ القصيدِ اسْتَسْلَمَتْ
لا نَــحْوَ، لا أُوْزانَ، لا تَصريفَـا

حتَّى المَخَارِجُ في الهِجَاءِ لَحَنْتُها
وسَلَبْتُـها الإدْغَـامَ والتَّضْعِيفَـا

نَهْـرٌ ولا مَعْنَى سِـوَى أنْحَائِـهِ،
مَجْهُـــولَةٌ لا تَقْـبَـلُ التَّعْـرِيفَا

المَـــاءُ مِــثْلِي تَائِـهٌ ويَسِـيرُ بـي
أمَّـا الصُّخـورُ فَرُصِّفَتْ تَرْصِيفَا

ما كُنْتُ أسْألُها المَسِـيـرَ ولَمْ أكُنْ
في دَفْعِهَـا مُسْتَـلْهِماً سِيزِيفَا

وَشْوَشْتُ لِي في النَّصِّ، أن لا حِلْفَ لِي
للـماءِ كنتُ وللرَّحيلِ حَلِيـفَـا

فَنَسِـيتُ، إذ يَنْسَابُ، ما أنْسَابُـهُ؟
ونَسِيـتُ في تَجْديفِـه التَّجْدِيفَا

***

وَجعٌ يُؤذِّن في دَمِي مُتَـنَـكِّـــراً
والوجْـــهُ للشَـيطَان، كَانَ رَدِيفَـــا

ويقولُ لِي «أسْجُدْ»، أُصَلِّي خَاشِــعـاً
فَأَرَى... أرَى... لا شَيءَ... كَانَ مُخيفا

وَأعُـــودُ أسـألُ عَـنْ شَـريعَةِ سِرِّه
هَلْ تَقْـبَلُ التَّبْسِيطَ والتَّخْـفِـيـفَـا؟

فَيَقُولُ: «خِــبْ تَرَ يا فتى، كُنْ صابراً
كُنْ صَابِراً، وتَحمَّـــلِ التَّكْلِيفَـــا»

هذي الطَّـــريقُ.. تَضِيقُ صَبْراً إنَّـهَا
تَـبْـكِي مَجَـــازاً حَارقاً وكَثِـيـفَـــا

مِـنْ خَيْبَتِي عَبَّدْتُها وبَسَطْـتُـهَا
وَجَعَلْتُ صَبْرَ العَاشِقينَ رَصِيفَا

مَن العَازِفُ؟

يـا عيدُ ذرْني فذا الإيمـانُ يَكْتُبُني
ولَسْتُ أَعْـرِفُ دونَ اللهِ مُلْتَحَدَا

أَعُـوذُ بـاللهِ مِـنْ طَيْـفٍ يُحَرِّفُني
وتُعْزَفُ الرُّوحُ إذْ غنَّى الهنا وشَدا

أَهِيـمُ فيهِ وذي الأشْـواقُ سـاجِدَةٌ
حَجَّتْ إلَيْـهِ وصامَتْ دهْـرَهُ أَبَدَا

أَغِيـبُ فيـهِ.. فألْقانـي وأفْقِـدُه
ما أطْيَبَ الفقْدَ لـو كانَ الذي وُجدَ

وحِينَ طفْتُ على النَّايات أخْبَرَني
أنَّ الذي يَعْـزِفُ النَّايات.. لا أَحَدا

15

مأمورة

مُسْتَوْحِشٌ... وَلَكَمْ صَرَخْتُ

وعَانَقَتْ نَابُ المسَافَةِ خَافِقِي

فاشْتَاقَا

حَدَّقْتُ في لُجِّ الغِيابِ

سَكَبْـتُها

والذَّائِبُون.. تَبَخَّروا عُشَّاقا

عُزِفُوا سُدَى.. وأنَا الصَّدَى..

فَشَدَا الْمَدَى

وتَخَـضَّـبَـتْ أوتَارُهُ أشْوَاقَـا

مَـطرٌ.. عَلى بَابَ الكَرَى..

إنِّي أرَى

والعيْـنُ لم تـرَ مَا تَرَى إطْلاقـا

رُؤْيا..

ودَائرَةُ السَّماء توسَّعتْ

والباب في نَفَقِ العِبارَةِ ضاقًا

وحَلَلْتِ بي..

والسِّرُّ ينطِقُ في دمي..

سَاقَ الكَلَامَ على فمي..

فَانْسَـــاقَا

أَنَا.. لَمْ أَقُلْ..

لَـكِنْ تَكَلَّمَ غَائِبٌ،

وحَدَا الحُرُوفَ، قَوافِلاً وَنِـيَـاقا

لا تَسْأَلِيهَا..

إنَّها مَأُمُورَةٌ

سَتُعَانِقُ الجُرْحَ الأَخِيرَ عِنَـاقَـا

ولَقَدْ مَشَاكِ النَّصُّ.. حَبْواً..

رُبَّما تَاقَتْ إِلَيْكِ فِجَاجُهُ

أوْ.. تَـاقَـا

كُونِي لَهُ المعْنى..

وَسِيرَةَ سِرِّه..

أمَّا أنا.. للنَّصِّ.. كُنْتُ سِياقَا.

ما بقيَ من نصٍّ محذوف

لـم ينتظرنــي قطـارُ الصَّبر يـا نغمـاً
تجمَّع الحـبُّ والأحـزانُ إذ عُــزفَا

توقَّـفَتْـنــِي خِيـامُ الدَّمـع واعتَرفَتْ
لـي أنَّ عُمْـري على أعتابِهـا وقفا

ريحاً.. تُهُبِّــينَ..عند الغيب صوْلَتُهَا
وعرشُ روحِي على إيــقاعِها ارْتَجَفَا

كتَبْتُ نصِّي بهـا والبعـضُ.. أحْذِفُهُ
إنَّ القَصيـدةَ كانـتْ كلَّ مـا حُذفَا

***

ولـم يَكُـنْ كافِيـاً مـن عِشْـقِها أَبَـدٌ

فَكيْفَ أسكَرَني في لَحْظـةٍ وكَفَى؟

وكيـفَ يَغْـرَقُ مِجدافي وأشـرعَتي؟

إلا هـواكِ علـى سطحِ المياه طفَـا

وكيفَ أولَـدُ.. ذي حالي وذا وجعي؟

والصَّبـرُ أيْقظنـي للصَّبـرِ ثـمَّ غفـا

جِسْـمٌ بـلا كفَنٍ في البرد لـي حلُمٌ

أنْ سوف أقْبـرُ فـي عينَيْكِ مُلْتَحِفا

فأسْـألُ الضَّـوءَ والأجفـانُ تُخْبِرُني

أنَّ القصيدةَ كانـت كلَّ مـا حُذِفَـا

***

صَرفْتُ كُلَّ صُروفِ الدَّهرِ عنْ وَجعِي
وظلَّ طيفُكِ في الأعتابِ.. مَا انصَرفَا

رسمتُ شَرْعاً ـ.. طريقاً.. كي يغيب به ـ
لكنّـه خالـفَ المرْسومَ وانحَرفَا

وعادَ يَسْتَنْـبِحُ الأشـواقَ مُلتمساً
وحلَّ في لهفتي واستوطن الغرفا

وقـــال «باسـمِيَ فاقرأ ما تيسَّر لي»
فقلتُ «إني نَسِيتُ الورْدَ.. يـــا أسفا»

فأمسـكَ اللـوحَ والأقـلامَ يُقرِئني
لحـنَ البُـكاءِ وضِيقَ البَوْح والشـغفَا

وظـلَّ يُملي وبعض الحبِّ أحْذِفُهُ
إنَّ القصيدةَ كانتْ.. كلَّ مـــا حُذِفَـــا.

بحجابها

ونزعتُ عن لغـةِ القصيدِ حِجابَها
فتبسَّـمتْ.. تمْشِـي علــى أحْدَاقِي

نَامَـتْ علــى زنْـدِ الفؤاد لصِيقَة
مــا أحْـوَجَ المَقْطُـوعَ للإلصَـاقِ

وتشـرَّدتْ سُـفُنِي بِمَـاءِ حنِينِها
تَاهَـتْ مِيـاهُ الكَـوْنِ حَــالَ عِنَاقِ

قَالَـتْ «أريدُ الخَمْرَ صَحْوُكَ فِتْنَةٌ»
فَدَعَكْتُ مِصْبَاحِي.. فَكَانَ السَّاقِي

شربتْ فأسكرتِ الحُروفَ قَصائداً
مزَجَتْ مـذاقَ رويِّهـا بمذاقِـي

قالت: «أريد الشَّمس ليلُك حالكٌ»
فارتَدَّ طَـرْفُ الحَرْفِ بالإشْـرَاقِ

قالت: «هل البستان مثلكَ عابسٌ؟»
فاخضـرَّت الأوراقُ بـالأوراقِ

قالــت: «أريدُ النـار» قلتُ لِحرِّها
كــن برْدهـا واكْفُفْ يـدَ الإحْرَاقِ

قَالــت: «أريدُ الماء».. كُلِّي ظامِئٌ
فَجَعَلْتُ كُثْـبَانَ اليَبـابِ سَـوَاقِي

قَالَتْ: «مَلَلْتُ الكون هل من موتة؟»
فَـدَفنْتُـهـا حبّـاً بـذي الأعمـاقِ

***

لـم يبق عندي مـا أبِـيعُ لأجلِها
أفنيْـتُ زاد قوافلـي ونياقـي

فسرَقْـتُ من أمِّي نقـودَ بَخورِها
ودَسَسْـتُها تحـتَ المِخـدِّ الواقِـي

في النـوم.. شـاهدتُ المدينة جنَّةً
وبخـــورُ أمِّـــي حُلَّة الأسـواقِ

والنـاس شَـحَّاذونَ في تَعْزيمِهِمْ
والحبُّ والأشْـعَـارُ عَـزْمُ الرَّاقِي

والحقُّ.. كانَ هناكَ.. مِثْلَ بِشَـارَةِ
يهْفُـو لَهَـا النُّسَّـاكُ دونَ سـباقِ

والأنبيــاء.. حديثُهــم.. أوْرادُهــم
أمِّــي بضـوءٍ حنانهـا البــرَّاقِ

فأنا المسـيحُ وفـي المنـام صَليبُهُ
عُشَّــاقُ آلهــة الهــوى عُشَّــاقي

فأكلــتُ من طيب البخور أصَابِعي
وشربْتُ في عطش الهَوى أعراقي

في الشـوق يا أمَّــاه كلَّ تَعَاسَـتي
لــو تعلمينَ تعاسـة المُشْــتاقِ

سـافرتُ ممتطيـاً عيـونَ حبيبتي
وجَعلْتُ فـوقَ جِبالِهَـا أنفاقي

أفنيـتُ فـي وهمـي مـدادَ كآبتي
وتركْتُ للتاريـخ حُكمَ طـلاقِ

وجعلْتُ أغــلالاً على أســوارها

حفَّــت مِــنَ الأذقــانِ للأعنــاق

قد كنتُ أختصِــرُ الطريقَ ودونَها

تتخاصــمُ النــاران في إحراقـي

نــارٌ يحرِّقهــا المكـانُ وظلُّـهُ

والوقـتُ يُطْعِــمُ نــارَهُ أشْـواقي

وَرَجَعْـتُ منتكِســاً إلــى أعْتابَهـا

فتمنَّعَـتْ وتَحَجّبَـتْ بِفِراقِـي

بحجابِها.. مَاتَ الجَمــالُ وَبَادَرتْ

تَتَسَــاقَطُ الكلمــاتُ مِــنْ أوْرَاقـي

قد أمطرت

قد أمطرت.. ودُخانُ حزني صَاعدٌ
يشـكُو الرَّميـمَ ويسـألُ الأقـدارَا

زخَّت على الآلام حتَّى أثْمرَتْ
والـدَّانيـاتُ بَـدتْ هُنـا أقْمـاراً

وهَمَمْـتُ أقْطِفُ عَازِماً فَتَحَجَّبتْ
والسِّـرُّ غَضَّ الطَّـرفَ ثمَّ توارَى

والمُفَـردات تَراقصتْ صُوفيَّـةً
وجَـرتْ تدورُ مع الهـوى إذْ دارَا

عزَّمْتُ ورْدَ الحزنِ حتَّى غَمْغَمَتْ
والدَّمـعُ كبَّـر للصَّـلاةِ، أغَـارا

شَـبَهٌ... ولا أشْـباه حِيـن توقّفَـا

ظِلِّـي وطيـفُ حُروفها أو سـارا

وسَألْتُها عنِّـي بـدتْ مجنونـةً

هـل بالجنون نُؤوِّلُ الأسْـرارا؟

وتفرَّقـت بيـن المدائـن صبوتي

مِزقـاً تهالكَنِـي الغَـرامُ وطَـارَا

***

سـفرٌ وينْتَصِـبُ الفـراغُ أمامَنـا

لا مَـــاءَ لا أمْـطـارَ لا أنْـهـارا

لا بـابَ للأحـزانِ، تدْخُلُ خلْسـةً

لا بــابَ لا أقـفـالَ لا أســوارَا

وتَبيـضُ فوق الحبِّ رغم شـتاتنا

وتُلَـوِّنُ الجُـرحَ الغَزيـرَ مَحارَاً

هي... مِثلَ ناقوسِ الغياب وفيَّةٌ...

تَلِـدُ الشُـخوصَ وتقْلِـبُ الأدوارَا

لو تعشـقينَ الحـزن.. أيَّ قصيدةٍ

تلـكَ التـي كُنَّـا بهـا أجـوارَا

هـي.. جنَّةٌ بالسِّـرِّ حفَّتْ يـا لها
كُنَّـا ببـابِها رفْقَـةً وصغـارا

نتقاسـمُ الحلـوى.. ببسْـمَة طائرٍ
نتقـاسَـمُ الأحــلامَ والأوزارَا

مــا أعظـم الأشـعار حيـن تقولُنا
ونقولُهـا.. مــا أعظـم الأشـعارَا

غَـادِرْ

هو القبرُ..

يا صاحبي.. لا تكابرْ

وقلْ سوف تبقى الطريق

إذا ما حَللْنا هناكَ

ستبقى المعابرْ

سيبقى..

لنا هامشٌ ربّما..

في رصيفِ القصيدةِ..

في غائماتِ الخواطرْ

لنا الصمتُ يا صاحبي في

نشيجِ الحروفِ.. تُذبّحُ

آنَ احتراقِ الحناجرْ

وحينَ تشرّدها المفردات

فترقص فوق صراط المحابرْ

لنا ربّما «ربّما»

وحسبكَ في «ربّما» أنّها لا تغامرْ.

تَزَوّدْ قريني وخذْ

(ريثما، بعدما، عندما)

فسحةً

أو عسى أو لعلّ.

فإن الوَلودَ التي أنْجَبَتْها

غدت عند بوحِ النهايات عاقرْ.

تَزوّدْ قريني..
وإنْ متُّ لا تبكيني
سَأُبْعَثُ حتماً...
أعِدْني
أعْدْني
ببسمةِ طيرٍ مهاجرْ
تخلّفَ عفواً عن السربِ إذ عادَ، عادَ، وما عادَ طائرْ
أعدني بطفلٍ يتيم شريد

يرى الكونَ جمعاً سواهْ

وقلْ

فالغياب الغيابْ

نشيدٌ لآلهةِ الغرباءْ.

إلى الراجعينَ من الأمنياتْ

إلى الكافرين بِربّ العساكرْ

وربّ البلدْ

«نموت ويحيا..»

كلامٌ بذيءٍ..

وبوحُ القصيدِ يناديكَ

غادِرْ

ووِرْدُ الأحبّةِ في الجرحِ غادِرْ.

لنا القبرُ يا صاحبي فَلْيَكُنْ..

لنا الملحُ في أدْمعِ الأنبياءْ..

لنا الصمتُ في شهقات البكاءْ..

لنا الضَوءُ حين تَلُوحُ العواصِمُ للغرباءْ

لنا الغرباءْ..

مآذن أخرى تناديكَ

«حَيَّ»..

وَمِلْح يخضّبُ خدّ اليتامى

ومن لا تراهمْ عيونُ البلدْ،

يكونُ البريدَ الأخيرَ

وصمتَ الأبدْ.

«نموت ويحيا»

ثغاءٌ يُرَدَّدُ

لا تحتفلْ يا قريني

فإن القصيدَ يناديكَ «غادِرْ»

***

على ربوة.. ذات ضيقٍ

وخلفي سراب كثيف كفيف

يلُوحُ لي الضوءْ

ورفّت فراشات قلبي تُلَوِّحُ

قالت «سنعشقُ هذي المدينهْ..»

وغامت سماءٌ من الحلم ما أمْطَرَتْ

غير دمعٍ يغازلُ صمتَ المقابرْ

و«كم كنتَ وحدكَ» يا صاحبي واقفاً

كم مَشتْكَ خطى الغائبين

وكم كنْتَ

كم كنتَ لكِنْ..

زَمانكَ فاجِرْ.

الغريب

سارٍ مـع الأيْتـام.. يحمِلُ نعْشَـهُ
مسْـتَوحِشٌّ وغرابُ صبرِهِ غرَّدا

قـد كان فذاً فـي الصـلاة وذائبٌ
فـي عشـقه في ذكـره فتعـدَّدا

النـار.. حيـن تكلَّمتْـه تلعثمت
والمـاءُ حيـن جفـا هـواهُ تجمَّدا

لـمْ يسـألِ الحَجَـر القديـم غيابها
لاحـت خُطاهـا للثرى فتـودَّدا

ثكْلـى تعاويـذي.. تَحـنُّ لصوتها
فتزاحمـت بالشَّـوقِ حين تـردَّدا

مفاتيح الغياب

إلى أيقونتي رغد الشـاذلي فرحاتي، وهي تُخبِّئ عنّي مفاتيح السَّيَّارة حتَّى لا أغيب. وأحسَـبُها تستشرف الموتَ والغياب بنبـوءة الأطفـال. النَّصّ ليـس مقطعاً من قصيدة هو رسـالة بدموع العين.

(Death is mother of beauty) Wallace Stevens.

الحِبْـرُ مِلْـحٌ والقصيـدة تَدْمَـعُ
مـاذا نقـولُ وبالنَّشِـيـجِ المَطْلَـعُ؟

من أيـنَ نبتدئُ القَصيـدةَ يا دَمِي؟
طلـلٌ عَلـى الدَّمـعِ القَديـمِ مُصرَّعُ

حطَّتْ ركابُ الموتِ بينَ جوانِحِي
والصَّاعِدونَ بضوء روحِكِ أقْلَعوا

أنْتِ القَصيـدةُ كُلُّهـا لا تكْبُـري
لأعَضَّ ذئب الوقـت فيك وأرجعُ

ضُمِّـي يدَيْـكِ على دمي يا سِرَّهُ
فالكـونُ كالشَّــحَّاذ فيهـا يقبـعُ

لا تنسـخيني إن رسـمْتِ فراشـةً
ضاقتْ بها الأرجـاءُ وهي تُرَوَّعُ

طلَبَتْ لجـوءاً في يَديْكِ وحَسْبُها
للـورْدِ أنـتِ وللهـوى مُسـتَودَعُ

رقَصتْ.. وألْوانُ الجناحِ ملامِحي
والحُبُّ في جَسَدِ الخطوطِ مُرصَّعُ

صَلَّـتْ عَلَى سُـجَّادِنَا وتَضرَّعتْ
ومَلائـكُ الرَّحمـنِ جَمْعـاً تُبَّـعُ

أسْـرتْ إلى الوَجَعِ القَديمِ وخَافِقِي
عَـاصٍ يعاتِبُـهُ الحَنينُ فَيركَعُ

طارَتْ بنا.. والبيْتُ.. صَارَ مجرَّةً
والضَّـوءُ في الألوانِ نجمٌ يَسْطَعُ

آنَسْـتُهُ قبَساً بليـلِ مَواجِعِي
والقَلْبُ في الطُّورِ المقدَّسِ يخْشَعُ

***

خبَّـأتِ مفْتـاحَ الغيـابِ.. تنبُّـؤاً؟

فالغيـبُ قنَّـاصٌ ووعْـدُهُ مِدفَـعُ

الغيـبُ.. ضِحكَتُـهُ العتيقـةُ مَوْتَةٌ

وَهِـي الـرَّؤومُ وَوَعدُهَـا لا يُدفَعُ

للمـوتِ رِجْلٌ في الفِـراقِ حَثيثَةٌ

لَكِـنْ خُطَاهَا فـي المَحَبَّةِ أسْرَعُ

هِـي مِثْلَنَـا مَشْـغُولَةٌ بِجُنُونِهَا

تلْهُـو وتَرْسُـمُ للجَمَـالِ وتبْـدِعُ

قـدْ مِـتُّ قبـلَ الآن.. يَـا أَيْقُونَتِي
ذَرَفَتْ فُؤَادِي فِي القَريضِ الأَدْمُعُ

لا تَقْرئِي الأشْـعارَ.. تلكَ جَنَازَتِي
حُبْلَـى تُكـابِدُ والوَلـيدُ مـودِّعُ

لا تَسْمَعِي الأجْرَاسَ، فَهْيَ قِيَامَتِي
ثَكْلَـى وَنَفـخُ الصُّورِ فِيهَـا مُفْزِعُ

لا صَوْتَ فِي غَدِنَا سِوَى أجْراسِهَا
دقَّتْ فَضَجَّتْ أذْنُ مَنْ لا يَسْـمَعُ

قبسٌ من عُيونِ المها

فِعْلُكَ الحُبُّ لازِمٌ فِـيكَ جِدًّا
والسَّـنَايَـا.. بِـنَـفْـسِـهَا تَتَـعَدَّى

اجْعَلِ الصَّمْتَ فيكَ وَحْياً شَفِـيفاً
إنَّ وَجْـهَ الكَلامِ مَـا زَالَ سَدّا

يَا طَريقاً.. تَعِـبْتُ، مَا بَالُ سَهْمِي
حَينَ أرْمِـيـهِ يَشْتَهِي أنْ يُـرَدّا؟

حَاطِبُ الحُـزْنِ رَاقِدٌ عِنْدَ بَابِي
ولُبَابُ الحَنِينِ يُـوفِيهِ وِدّا

يَا عُيونَ المَهَا: أَعِـيدِي نَشِـيدِي

فَنَشِيجٌ مَا زَالَ بِي مُـسْتَـبِـدًّا

عَزْمِي اليَوْمَ، كَي يَكُونَ كَأَمْـسٍ

وانْفُثِي فِي القَدِيمِ كَيْ يَسْتَـجِدَّا

فَجِّرِي الوَقْتَ وَاللُّغاتِ.. اسألِيهَا

وامْنَحِـيهَا حُروفَنَا كَيْ تَـرُدَّا

وحِّدي الصوت والصَّوامت فينا

وَامَّحِي فِي صَدَايَ أنَّى تَـبَـدَّى

لَوْ تَجافَتْ أسْمَـاؤنَا.. وحِّدِيهَا
يُعْرفُ الضِّدُّ إذْ نُسمِّيهِ ضِـدَّا

ليْسَ هَذا المَشيب غَير احَتـلالٍ
حلَّ ضَيفاً.. آوَيْتُهُ فاسْـتَـبـدَّا

هل يعود السَّوادْ؟ أي لا تَـخَافِي
قَـدَرُ المُستَبَاحِ أنْ يُـسْتَـردَّا

والتَّجاعِـيدُ إذْ تَمُوجُ بِـصَوْتِي
تُلْـهِمُ البَحرَ فيكِ جَزْراً ومَـدَّا

في الخطى كلَّما تعثَّر قلبي

يبتغي فيك عروةً كي يَشُدَّ

وإذا يمشي

كاليتيمين.. نحن طفلان ضاعا

رَسَمَا للــطَّريقِ دَمْــعاً وَخَدًّا

انْتَصِري

دَقَّتْ عَلى وَجَعِي السَاعات..

صاخِبَةً

وليس ينْبُض غير الوقت..

في عمري

وفي المَحطَّة أضواءٌ..

تقاذفَني فيها الضَّياع

وأشواقٌ إلى السَّفرِ

وكنتُ وحدي..

أهُشُّ الحبَّ عن وجعي

والليلُ أمْطرَ بالأوهامِ يا سَهري

كانتْ تُخبِّرُ عن معناي.. عنْعنَةً

فأُرْهِفُ السَّمْعَ..

ملهوفاً إلى الخبر

قالتْ: «رأيتُكَ..

والأرواحُ سافِرَةٌ..

وكانَ وقْعُكَ مدَّ الطَّرفَ للنَّظر

فكُنْتُ أنظرُ..

والإيقاع يخلَعُني..

تميمة الحب أن لسنا من البشر

عَيْناكَ خلف رميم الوَقْتِ زوبَعَةٌ

وما رأيْتُك لكِنْ زاغَ بي نظري

وداعَبَتْني معانٍ لستُ أدرِكُها

وكنتُ فيها بلَا حدٍّ على صِغَري»

***

قلتُ: امنحيني سبيلاً كي أرى عدمي

أو أخلعَ الحجْبَ ما غشَّت على بصري

ثُمَّ اهْطِليني رؤى

لا لستُ أذْكُرُها

لكن توشوِشُها الأمطار للشَّجرِ

تَـكَـلَّـمِـيـني

فإنِّي لمْ أُقَـلْ أبداً

لقدْ هُزِمْتُ وضاق البوحُ فانتصري

ولَبِّها

كالشــمس؟؟ لا والله، لستُ مُشَبِّها
فالكــونُ لــبُّ نابــعٌ مــن لُبِّــها

هِيَ لا تُحبّكَ بَلْ تفيضُ على الرؤى
لِتكونَ غيماً سابحاً في حُبِّــها

وغرامُهــا جرسٌ يــؤذِّن في دمي
إنْ مِــتُّ حتْماً أصطفيهِ مُنبّــها

وإذا مشتْ رقص الطريقُ لخَطْوِها
وتَزاحَــمَ النُّسَّــاكُ عنــد مَطَبِّــها

هــي شِــرْعةٌ والعاشــقون قوافــلٌ
وأنا كيوسف عالــقٌ في جُبِّــهَا

ولقـد أحَلّتْ مهْجَتي وسَـبَت دمِي

طَربَتْ لِدمْعِي إذ شَكوْتُ لِربِّـــهَا

فدنَا.. دَنوتُ.. فقَالَ «هِي مِنْ رُوحِنَا

فإذا حللْتَ بسِـدْرَتي فأقرُبْ بِـها

وإذا مرضـتَ فَسَـمِّها.. تَعْوِيـذَةً

وإذا شُـفِيتَ فظُـنّ ذا من طِبِّـــها

هي روضـةٌ طَافَتْ بها أسْـرَارُنا

فإذا حَجَجْتَ إلى هَوَاكَ.. فَلبِّـــها»

لا تهجُريهِ

لا تتْرُكيــه سدىً فالحبُّ يَسكُبُهُ
دمْعـاً تعطَّـرَ بالذكـرى لِيُرْويـكِ

قد كانَ حُــرّاً يُصِيبُ اللَّفـظ يكْتُبُهُ
حتَّى اسْتَكانَ بِهِ خَــرْسُ المَمَاليكِ

لا يمْلِــكُ الحَــرْفَ لا فاهٌ لِيُنــطِقَهُ
والبَوْحُ والسِّرُّ والإعْجازُ من فيكِ

لا شِــعْرَ دونَـكِ لا نَثْر يَهِــيمُ لُه
والنَّــصُّ إنْ طاوَلَ الأقمارَ يَحْكِيكِ

سِرُّ الحِكايَةِ: أنْ يَقْتَــاتَ خَيْبَتَهُ؟
أو أنْ يضيقَ بها مَوْتاً؟ أيُــرْضِيكِ؟

لا تَهْجُريهِ. شَقِــيٌّ؟ إي نَــعم ولَكَمْ
أَرَادَ عِنْدَ حَنَايا القَــــلْبِ يُــخْفِيكِ

***

«لا حِبْرَ يَكْـــتُبُني يـا فتْنَتي أبَداً
إنَّ الُحـــرُوفَ إذا قِيلتْ سَـتَعْنِيكِ

إنِّي أُحِبُّـكِ.. والأحزَانُ شَــاهِدَتي
مَـتى بَـكِـــيتِ فأحزَاني تُواسِيكِ

وأعْجَبُ الُحبّ.. أنَّ الشَّـوقَ فَرَّقَنا
وَكَمْ تَمَـــنَّيْتُ أنَّ الشَّوقَ يُدْنِـــيكِ

العَيْنُ إنْ سَـئِمَتْ ترْعَاكِ مُغْمَضَةً
والصَّـوْتُ إذْ يَخْتَفي صمْتاً يُنادِيكِ

أُغازِلُ الرّيحَ مِنْ غَرْبٍ عساهُ بِها
يَحِـنُّ طِيبٌ على دمْعِ الشَّـبابيكِ»

نشيدٌ لصاحب السِّر

يــا صبــراً أخْلَفَ مــا وَعَدَ   واسْتَوْقَفَنِي دَهْراً وَعَدا

السِّرُّ تراقصَ فــي يَـدِهِ   وأنــا للتِّيهِ مــدَدتُ يَدَا

ومشى وجَعاً، فــبَدا خَطْواً   فَعَرَفْتُ الخطْوَةَ حينَ بدا

أضرَمْتُ النَّارَ لأصْهَرني   في ضوْءِ هواهُ إنِ اتَّقَدَا

والنَّــارُ أبَــتْ أنْ تُحْرِقَنــي   حنَّتْ ولظاها قدْ برَدا

مــا كُنْتُ الماءَ لأطفئها   يا نَاري.. كُنْتُ لها وَلَدا

في الرُّوحِ يُضيءُ ويُبْهِرُني   فأضيفُ الشَّمْسَ لهُ مَدَدا

أنشودة لحَيائها

هيَّأتُ... للحزنِ الكفيفِ

طفولتي

وعزفْتُ من وترِ الحياءِ

خطاكِ

سيري... على وجَعِ القصيدة

إنَّني... بعْضي هَوىً

والبعضُ رجعُ صداكِ

لا بأس إن وَلجتْ معاقلَ غربتي

وتبسَّمت في حزنها عيناكِ

وتعطَّرَت لغةُ القَصيدَةِ

فتنة

واعْشَوْشَبتْ... وازَّيَّنَتْ بهواكِ

لا بأُسَ إن لعبتْ بخافقي

واستوتْ

لا بأس في شِعْرٍ يشي بشذاكِ

فالأرض لم تمطرك

غيرَ قصيدةٍ
والله لم يرضاك غيْر ملاكِي

والأرض حين تـكَـلَّـمَـتْكِ...
خجولةٌ
والحزن في سَـكَـنـاتِـهِ
سَمَّاكِ

سيري على حزن القصيدة

إنني متورّط بطفولتي

وهواك

ويطوف بي سجني..

خطيئتي.. مصرعي

فأصمِّم المعراج في رؤياك

أدنو فتذرفني الخطيئة

أدمُعاً...

مطراً يؤسِّس موطِناً ليراكِ

ويطوف بي سجني..

خطيئتي.. مصرعي

والحزن طيفٌ هام بي ومشاكِ

طفل أنا..

والوقت يعزفُ عابثاً

شاخت بي الأوجاع من ذكراكِ

سيري على جثث الكلام...

بأضلُعي

لتسبِّح الكلماتُ «ما أحلاكِ»

يا فتنة الكلمات لا تتمنَّعي

كوني أنا
واستوطني بشباكي

سكَبت في جمر المجاز..

ملامحي
وطفولتي وتوحُّدي وهواكِ

طفل أنا... لا ضوء يوقظ غيمتي

بي عُتمةُ الكلماتِ

في مَعناك

بي نصفُ غمغمةٍ

وصيَّةُ شاعرٍ

هَجَرَ الكلامَ وموطن الإدْراكِ

بي ذلك الحزن الكفيف...

يقودني

لمعابر الزّهَّادِ والنُسَّاكِ

إنّي به وإليه...

بتُّ مسافراً

هو سَامِعي في السرِّ... وهو الحاكي

يا صاحبي ربَّ السؤال إليك

«من مِنَّا الذي يُـشْكَى؟

ومن ذا الشَّاكِي؟»

جعل المدام مُخَطِّلاً

ومزاجهُ

بعض المدام... وبعضُ دمع البَاكِي

أرض وضاد

القلـبُ عـاجَ عَلَـى أَطْلالِهَـا وَبَكَـى
مَاتَ الْخَلِيلُ وَصَحْـبُ الرَّبْعِ مَا تُرِكَا

وَجْنَـاء بَانَـتْ وحَـرُّ الشَّـوْقِ وَدَّعَهَا
عينـاء كَانَـتْ لِدِيـنِ الغِيـدِ مُنْتَسَـكَا

كانـت بيانـاً وحـرف البيـن آيتُـهُ
وَكَانَ حَرْفِـي لِدِيـنِ البَيْـنِ مُؤْتَـفِكَا

ودَّعـت فيها أمانيّـي وأشْـرَعَتي
مـا عُـدْتُ أكْسِـبُ للآمَـالِ مُعْتـرَكَا

وحـالَ بينـي وبيـن الضَّـادِ مَوْقِدُهَا
حتَّى تَلعثَم صَوتُ الحرْفِ وارْتبَكَا

وراح ينعـى.. رحيلٌ.. موقـدٌ.. هَيَفٌ

آه وحـاءٌ بـهِ مـن حَرِّهَـا وعَكَـا

وخَفْخَف الصوتُ والنَّجوى به وصَفَا

وهَمْهَـمَ التِّيـهُ للنَّاريْـنِ واشْـتبكَا

وسَـرْدَبَ اللَّيْـلُ في كَيْدٍ حديثَهُما

الحـرفُ بـاكٍ ونَـهْدُ النَّـارِ مـا فَلَكَا

الحـزنُ فاضَ على حرْفي وحَرَّقَهُ

حَـتَّى أذاعَ بعـرض النـار منتهـكا

تـاجُ الحُطَيْئَـةِ بَـادٍ في مَحَافِلـهِ

وَلَّـتْهُ عَبْسٌ على هُـجَّائِهَا مَلِـكَا

وكان صَوْتِي يباباً في دجى بَلَدٍ
لـمْ يضرمِ الضَّـادَ لا حلقاً ولا حَنَكا

يـا صـوت أجهر ولا تلْحَـنْ لِعُجْمَتِهمْ
أنـت السِّـنَانُ وكُلُّ العَادِيَـاتِ لَكَـا

قـدْ زَمَّ مـاؤُكَ والغدران عِنْدَهُـمُ
الضَّـادُ مـاؤُكَ والأوزانُ تَحْمِلُكَـا

حيـث البُروقُ وآمـالـي وأشْـرِعَتِي
غَيْـثُ البَدِيـعِ وبرقُ النَّظْمِ يصْنَعُكَـا

يـا صوتُ هبْ لي بـلاداً لا طَنِينَ بها
عـرْشُ البَلاغَة مصلُـوب عَلَى فَمِكا

«ماذا لَقِيتُ» من العُجْمى وأعْجَبُه
أنَّ الأَعَاجِمَ وُلاةٌ لنـا ولكَـا

قـدْ زَمَّ مـاؤُكَ والغـدران عِنْدَهُـمُ
الـمـاءُ نبْعُك والبـيْداءُ منبَعُكَا

قُـمْ للرَّحيـلِ... فَبـي ماءٌ وَبي سفَرٌ
الليـلُ عرْبَـد ملهوفاً عـلى غدِكَـا

الشَّـمْسُ شمْسُكَ ما شعَّتْ وما أفلتْ
والبحرُ بحرُكَ مُنْــصَبّاً على يَدِكَـا

والرِّيــحُ ريحُكَ مــا هبَّـت فصاحَتُها
للقـدْسِ عِقْـداً رُدَينِيـًـا لهـا سُبِكَـا

والقُدْسُ عَــهْـدُكَ منقـوشٌ بخِنْجرها
وعْـدُ الشَّـهيدِ على أعْتابهـا حُبِكَـا

والقـدس تنْظُـمُ آيات الوغـى ورعاً
ثغْـرُ الشَّـهيدِ على ناياتها ضحكا

قـم للرَّحيـل وأَهْدرْنـي، بها شَـرَفي
لا تتْرُكَنِّـي وبعْضُ القلبِ يصحَبكا

نار الحنين

صبرْنا...

في المكارهِ راغمين

وشيَّعنا المَطامِحَ نائِحينا

وحُوصِرْنا على حَدَّيْـكِ... دهراً

وخَيَّـمْـنا فيافيكم... سنينَا

معابِرُنا

جِدَارٌ للحصار

فمِنْ أيِّ المعابِر تجْتَبينا؟

وإنْ غصْباً سُبيتِ... وقدْ عَلِمْنا،

رعاةً

في أراضيكِ اكْترينَا

فإنَّا...

قدْ عهِدناها رعاةً

وأمسَيـْنا غزاة فَاتحينَا

بِنا ماءٌ... برغْمِ النَّــزْفِ باقٍ

فإنْ زَمَّ الزمانُ...

فأمطِرينا

بِنا الأشـْواق

مِنْ سَفَرٍ طَويلٍ

فإنْ جَـفَّـتْ مَآقيكِ.. سَخينَا

***

ولَجْنا النَّصَّ من باب النَّحيبِ

سقطْنا في صِراطه

عاشقينَا

ورقَّدْنا البُكاء..

بذِكْرياتٍ

«ألا هُبِّي بصَحْنِك فاصبحينا»

ولم نُحْرقْ بِحَرٍّ في لَظَاهَا

ولـكِنَّا اشتَعلْناها...

حنينا

دَخَلْـنا...

في القَصِيدِ بغيْرِ «حتَّى»

ولا «رُبَّ».. ارتَجَحْنا وابْتُلينا

دَبِيبُ النمْلِ يَرْبو في ثَرانَا

يَجُرُّ النعشَ والأشلاءَ

فيــنـا..

يُـخَــبِّــرُ..

أنْ هناكَ بِعَرْش «رُبَّ»

يَنِزُّ الماءُ معْطوباً حزينا

وهُــدْهُــدُنا يُرابِط خَلْفَ «حَتى»

ولا أنْبَـــاءَ مِنْ غَــيْبِ

لَـقِـينا

رَكَضْنا

في دُجاكِ بِلا دليلٍ

بصَحْراءِ المَـواجِع تـائهينا

بحَـثْنا عن قُـفاةٍ ما وَجَـدْنا

سِوى الآلامِ إذ جَنَّت..

حُدينا

مرَرْنا..

عِنْد مُنْعطف المآسي

ولاحَتْ منه بُشرى القادمِينَا

وحَشْدٌ مِنْ رُعاة الحُزنِ يَسْعى

على نار النَدامةِ صابِرينَا

وكانَ

دَليلُهمْ.. شَيْخٌ كفيفٌ

يَهُشُّ على نُجـــومِ الآفلـينَا

تَمَهَّلْ أيُّها الحزنُ الكفـيـفُ

ولا تمطرْ أمانينا شجونا

تمهَّلْ..

فالعُقارُ هنا تولَّت

وكــأساً بالدَّمارِ هُنا سُقـينا

ببغْداد.. وفاتِــحَــةُ العَــلاقِمْ

«وأخرى في دِمَشْقَ وقاصرينا»

سَقـانَا الدَهْرُ كأساً حنَّ فيــها

مِزاجُ السُّــمِّ..

مِمَّا تَدْمَعينا

إلى صنعاء..

قدْ نُقِلَت رَحانا

وكُنَّا في اللقاءِ لها طحينا

لِغزَّةَ وهي تحبو مِثْلَ طِــفْلٍ

يُفَتِّشُ تـحتَ أنْقاضٍ..

يَـمينا

فأقْسم

والرُّكـامُ بِه تداعى

«تُرابُ الأرضِ هذا يشْتهينا»

ستَجْثو فوقَ أضـلُعِنا زَماناً

ونَحْبو فوقها كالماء

حيــنا

حُدود البَرِّ

نَمْلَــؤها خِياماً

وماءُ البَــحرِ نَــمْلئوه سفينا

«إذا بَلَــغَ الفطامَ لنا صبيٌّ»

تَجيءُ به الشواطىُ...

مُسْتَكينا

عَزفًا معاً

أنــا لــم أمانــع يــا قصيــدة إننــي

أصغـــي لقلبـــي إذ بـــدا متوجِّعـــا

يبكـي وطين الـروح بيننـا واحد

لكـــن يُميتنــا إن نمــا وتفرّعــا

كالطفـل في الأحشـاءِ راودَ حبله

والحَبـل لو حانَ المخـاضُ تقطّعَا

وولــدت فيك هنــاك... إذ أخْفيْتِني

والنبض إن لاحَ الطريقُ تسـرّعا

أخرسـتني بالعشـقِ إذ خبّأتِنـي

ودفنتِ صوتي في هواك فأسـمعا

وتناغــم الصوتــان فــي أحشــائنا
عزفـا معاً.. رقصا معاً لمَعَا معا

يــا شــعر... أنتِ قصيـدة مجنونة
والبحــر والإيقــاع فيـك تجمّعــا

زنـديـقـة ورقـيـقـة وعميقة
طفلــي إلى لقيــاك تاق وكــم دعا

المشتاق

مــا زالَ بـي شــغفٌ.. وَليل حالـك
مذ هـلَّ ثغركِ فـي دجـاهُ فأقمَرا

ما نمـتُ.. والجسـدُ المغامـرُ متعبٌ
والثـوبُ في لـجّ الضيـاعِ تبعثرا

وصرختُ مَنْ هذي العيونُ؟ ومَنْ أنا؟
وسـألتها بالعشـق أن تتذكـرا

أنْ تُوقِـفَ التاريـخَ في إعْصَارهـا
أو أن تفيضَ على الزمانِ لِيَسْكَرا

ونسيتُ أسمائي نسيتُ خطيئتي
إنّ الـذي نسِـيَ الخطيئـةَ أعْـذَرا

وكتبـتُ «مشـتاقاً» بخـطٍّ قاتـم
والحبرُ مــن وجع الفـراق تخثّرا

لا لا تقولــي «دمعــة مــوءودة»
إنّ الدمــوعَ رذاذ شــوقٍ أمْطـرا

يتيمينِ كنَّا

يتيمَيْنِ كُنَّا.. والدُّموعُ دليلُنا
تُعبِّدُ بالمِلْحِ السَّرابَ طريقَا

ولَسْنا نحافُ الثَّلجَ والملحُ صحْبُنا
يُفجِّرُ فـي الكـون الجليـدِ حريقَا

وفيٌّ لنا.. في الضيقِ ينسابُ نَهْرُهُ
فَيَفْتَـحُ بيـنَ الصَّخرتَيْـنِ مَضيقَا

فنَعْبُرُ والحُـزْنُ الرَّفيـقُ ضِفَافُنا
كأنْ لـم يَكُـنْ منـذ المهـاد رَفيقَا

يُلَـوِّحُ.. يَبْكِي والمَسـافةُ أعْشَـبَتْ
نِـداءً تـورَّدَ في الفـؤادِ شَـهيقَا

جُذورُهُ فـي الخَيْباتِ أنَّـى خذلْنَنا

تَشـبّثَ فـي لُـبِّ الفـؤاد عَميقـا

إذا ابتلَعَ الثُّقْـبُ النُّجوم وضوءها

لنا المِلْحُ يُشْـرِقُ في الخدودِ بَريقا

محمَّد

يَمُــرُّونَ؟ إي والله، طِيَـب خُزَامَــى
وَيُــلْقُونَ فِي القَلْـب العَلِيل سَلَامَــا

«خُطَاهُمْ عَلَى الصَّحْرَاءِ؟» تِلْكَ أهِلَّةٌ
تُبشِّرُ أنَّ القحْـط صَــار غَــمَـامَــا

يَمُرُّونَ بالمَحْـزُون والغَارُ قَــلْبُهُ
فَــسَارُوا إلى العَــلْيَاءِ وَهْــوَ أقَامَــا

يُعَلِّــقُ مِـنْ رِيــش الحَمَام تَمِيمَــةً
وصَلَّى فكَانَ العَنْكَبُــوتُ إمَامَــا

بُكَــاءٌ وَأشْـوَاقٌ وَلمَّــا تَكَوَّمَـتْ
تَــوَسَّــدَ أكْـدَاس الحَنِــين وَنَامَــا

***

أنَا الطِّفْـــلُ يَا مَوْلايَ ظِـلِّــي مُشْرقٌ

فَـيَعْـــدُو وَأَصْبُـو أَنْ أَصِــيرَ أمَـامَا

وَأَشْرَقْتَ، ذَابَ الحَرْفُ، صَارَ جَدَاوِلاً

وَحَـسْبِـــيَ أنَّ المَاءَ كَـــانَ كَلَامَـــا

وَإنِّـــي عَرَفْتُ القَوْمَ، أنْـــتَ مُحمَّدٌ

وقَـدْ جِئْتَ فِي جدْبِ الفَلَاةِ رِهَامَـــا

إلَيْكَ يُمَدُّ الظِلُّ، تَـكْـتُـبُ غَيْـمَةٌ:

»أغِيـمُ لأنَّ الضَّــوْءَ دُونَـكَ غَامَـا

وَقَدْ كُنْتُ حُـــبْلَى بِالحَنِـينِ وَضَعْتُهُ

وحَفَّـرْتُ ظِلِّي في الجَبِيـنِ وشَامَا

فَقُولُوا لِعَيْنِ الشَّمْسِ إنِّي دُونَـهَـا
نُصِبْتُ لِخَيْـرِ العَالَمِيـنَ خِيَامَـا»

نَحِيبٌ هُـوَ الوَقْتُ المُفَارِقُ نَبْضَهُ
كَـأَنَّ الثَّوَانِي إذْ يَغِيبُ يَتَامَى

يَتِيـمٌ فَمُ الأخْـلَاقِ بَعْدَكَ، لَـمْ يَزَلْ
مُشِـيراً إلَـى مَـنْ لا يَعِيبُ طَعَامَـا

تَعلَّمَ عَنْـكَ الصَّبْـرَ والحُـبَّ وَارْتَوى
وبَـاتَ رَضِيعاً لا يُطِيـقُ فِطَامَـا

***

يَمُرُّونَ والأَشْواقُ تَرْقُبُ خَـطْوَهُمْ
بِـــبَابِ الكَرَى تَـــتْرَا تَضِجُّ زِحَامَـــا

فَـهَامَتْ بِيَ الأَحْداقُ جَامِحَــةً سُدَى
سِوَى الدَّمْعِ فِيهَا مَا وَجَدتُ عِصَامَـا

طَفَا مَوكِبُ النُّورِ المُبِينِ عَلَى الرُّؤى
فَآنَسْتُ حُبّاً وانْـتَـبَـــذْتُ مَقَـامَـا

الرؤى

الريح تعزف سرَّها

تَعدُ الرؤى..

«هي خيبةٌ أخرى

ترمِّم قَبرَها»

هي لا تبوحُ بهمْسةٌ

وإذا انتشت

تلقي على الحرف المكابر وزرَها

فتهشُّهُ

وتهش ذئب الشوق

عن وجع الطريق

وبكى الغريق

لبوح آخر موجة

وأسرَّها

فتناسلت

في صمته

في حلمه

وتهالكت، فاجترَّها

الصمت فاتحة الطريق وسرُّها

عطش المكابر حين يورد بئرها

وجع الشفاه وهِي تحرِّقُ صبرها

وجع المحابر إذ تجفِّفُ حبرها

هي لا تبوح بهمسة

تغري الرؤى

أنَّ المشانق

كالنعيم لطيفة

لله ما أحلى الرؤى وأمرَّها.

صلاة المَرايا

غبْتَ جمْعـاً.. ومفْرَدِي فيك غابَ
وافترَقْنــا فـزدْتُ منـكَ اقترابـا

فـي المَرَايـا تَعُودُني كـيْ نُصلّي
وصـلاة الغِيـاب كانـت كتابـا

لا تَسَـلْني مُحدِّقـاً فـي عُيونـي
إنَّ هـذا الشَّـقيَّ ضـاقَ جَوابـا

والأسامي تَنكَّـرَتْ حيـنَ باحَتْ
حَـرَّفَتْـنـا.. لعلَّها تتغَابى

آيَـةٌ أنـتَ والرَّجِيـمُ انْتَحَاهـا
عنـْدَها خَـرَّ سـاجِداً وأنابـا

غَامِـضٌ أنْتَ.. كَالسَّـماء.. كَبحْرٍ
كُلَّمـا غُصْـتَ مـا بلَغْـتَ عبابـا

خَطْوُكَ الدَّمْعُ والمسـافةُ أسـرتْ
مـذْ خُلِقْنـا.. لـمْ نَبْلُـغِ الأعتابـا

حِبـرُكَ الآنَ مـــالِحٌ يـا قرينـي
تَـذْرِفُ العَيْنُ فـي الدَّواة قِرَابـا

أسى النَّايات

تكشَّفْ.. فَخُذُّ الكون بالضيّق دامِـــــعُ
يؤذِّنُ في صوتي وإنِّيَ سامِـــــعُ

وإنِّي لأصدائي الحبيسةِ حارسٌ
لَكَـــمْ ضاقتِ الدُّنيا وصدري واسـعُ

أجرُّ أسـى النَّايات في قاع مِحْنـــةٍ
وكلُّ تصاريـــفِ الزَّمان تَـــوابِـــعُ

كعُـودِ ثِقابٍ والجَـحـــيمُ برَأسِـهِ
جحيمِيَ هذا الوَجْدُ في الرُّوح قابعُ

كأمٍّ رؤومٍ حيـنَ ضاقَتْ بِحِمْلِـــها
تلاشَتْ، وبَعْضُ الحبِّ للنَّفسِ باخِـــعُ

وألْقَتْ بِهِ في اليـمِّ تَوْقاً لِمُـرْضِـعٍ
ومِن أيْنَ يا نَاري تَجيءُ المراضِـعُ؟

أنا.. حُزْنُهـا الباقي.. فراغُ فـؤادِها
وفي كـلِّ وِزْرٍ قد جَنَتْ أنا ضالِـعُ

فلمَّـا أتتْ تمْشي فرَشْتُ كـآبتـي
بِساطاً، فحنَّتْ بالنَّشِيـدِ المَواجِـعُ

تبَخَّرْتُ موسيقى، بعزفِ رموشِهـا
على وَتَرٍ في القَلْب هنَّ أصـابِـعُ

كأنَّ خُطاهـا، إذ تَمـور، قصـائدي
مُصرَّعَـةٌ والحَـاجبانِ مَـطـالِـعُ

أراها فتسْتَبْكي القصيدةُ أحـرُفـي
تُرتِّـلُ صوْتي مُقْلَـةٌ ومَدامِـعُ

فأمَّا الرؤى قد كـــانَ في سفَرِ الكَـرى

وأمَّــا بـكاءُ المُفْـردَاتِ فـــوَاقِـــعُ

تَكشَّفْ.. لأنَّ التِّيـــهَ إيقاع نبْـضَتِي

لأنَّ فؤادي في التَّوابيتِ ضـــائـــعُ

تكشَّــفْ.. لتخضرَّ النُّجوم بعَبْـرَتي

فَغيْـثُ بُكائـي للسَّــماوات نـــافِــعُ

تكشفْ فهذا الفجر أمطار صـبـوتي

سـأحرث ملحاً، طلْــعه ليَ راجـــعُ

فوجْهي لبَسْمـــات الوَلـــيدِ بُذورُها

وَقلْبــــي لأرْضِ المُتْـــعَبينَ مُــزارِعُ

الفهرس